DÉPARTEMENT DU GERS.

RELATION

DES *Cérémonies qui ont eu lieu à Auch, le 15 Août 1809, jour de SAINT NAPOLÉON.*

PENDANT le séjour de quelques heures que l'Empereur et Roi daigna faire dans la ville d'Auch l'année dernière, tous ses momens furent consacrés à des actes de munificence. Ils ont eu pour objet le rétablissement d'institutions publiques, dont la privation nous était devenue bien pénible, et la conservation des édifices remarquables ou par leur utilité, ou par la beauté de leur construction, mais que la pénurie des revenus communaux faisait abandonner au dépérissement.

L'anniversaire de cette époque fameuse pour l'histoire de ces contrées devait être l'objet d'une fête publique ; tout était disposé : mais des circonstances imprévues ayant retardé cette cérémonie, le conseil municipal résolut, par délibération solennelle, de célébrer dans la journée du 15 août les bienfaits du Monarque, qui attacha à cette époque le souvenir de si grands événemens.

DÉLIBÉRATION DU CONSEIL MUNICIPAL.

INAUGURATION DU BUSTE DE S. M. L'EMPEREUR DES FRANÇAIS.

L'an mil huit cent neuf, le dix août, le Conseil général de la commune d'Auch, réuni dans la salle des séances, à l'hôtel de la mairie, d'après l'autorisation accordée par M. le Préfet du Gers, en date du 4 du courant,

M. le Maire a porté la parole en ces termes :

MESSIEURS,

Le 24 juillet 1808 eft une époque mémorable pour la ville d'Auch. Si la préfence du plus grand des Monarques, vifitant fes peuples en bon père qui cherche à connaître les befoins de fes enfans, eft un bienfait jufqu'alors presque inconnu aux Français, combien la munificence impériale doit-elle ajouter au fentiment de la reconnaiffance. Comme toutes les inftitutions utiles, le Collége d'Auch fut confondu dans la deftruction générale. Le confeil municipal faifit avec empreffement le premier rayon d'espérance qui permit de s'occuper de fa reftauration. Il établit & perfévéra dans fa demande pour obtenir la conceffion de ces fuperbes bâtimens deftinés à élever la jeuneffe, & fes foins eurent le fuccès attendu, confirmé par le décret du 11 février 1808.

La poffeffion du local ne rempliffait que partiellement le but que s'était proposé le confeil ; le rétabliffement de l'enfeignement trouva toujours un obftacle infurmontable dans le défaut des finances néceffaires à la réparation matérielle de l'édifice, à la difpofition des claffes & du penfionnat.

La munificence impériale, par décret rendu à Auch le 24 juillet 1808, leva cette difficulté en accordant à la ville une fomme de 20,000 f. Ce don a rempli en entier les vœux du confeil municipal, & fait ceffer toute fa follicitude caufée par l'impoffibilité de fournir aux frais néceffités par un long abandon & par la spoliation.

La cathédrale, monument glorieux de la religion & des arts, fe dégradait de plus en plus, au grand regret des Auscitains forcés d'être témoins de fa deftruction, fans pouvoir en arrêter les effets inévitables. Le même décret du 24 juillet a donné l'affurance de fa réparation & de fa confervation.

La difette des eaux fe faifait vivement fentir, quoique les fontaines foient alimentées par des fources affez abondantes pour fournir à tous les befoins. Le défaut d'entretien était la caufe principale de cette difette. Déjà il a été pourvu en partie à un approvifionnement conftant ; mais les fonds accordés par S. M. donnent l'efpérance fondée que les eaux fuffiront non feulement aux befoins des ménages, mais à tout ce qui a rapport à l'utilité & à l'agrément.

Les pavés à la charge de la commune font dégradés ou manquent totalement fur certaines places importantes. Bientôt ils feront en bon état, au moyen des dix mille francs dont la ville eft redevable à la générofité de Napoléon.

Voilà, Meffieurs, plufieurs motifs de reconnaiffance que les habitans d'Auch ont à ajouter au fentiment d'amour, de fidélité & de dévouement qu'ils ont manifefté pour leur Souverain. Je ne doute pas que les membres du confeil ne trouvent leur fatisfaction à être dans cette circonftance les organes de leurs concitoyens.

En conféquence, je propofe à la délibération du conseil,

1.º Que le 15 août 1809, (jour de St. Napoléon), le bufte de S. M. l'Empereur des Français fera placé dans la grand'falle de la mairie, fur un piédeftal, portant cette inscription :

LES AUSCITAINS
ONT ÉLEVÉ CE MONUMENT
EN MÉMOIRE DU PASSAGE
DE NAPOLÉON - LE - GRAND
DANS LA VILLE D'AUCH
LE XXIV JUILLET M. DCCC. VIII,
ET EN RECONNAISSANCE
DE SES BIENFAITS.

2.º Que deux inscriptions placées au-deffus des portes latérales de l'églife Ste. - Marie, rappeleront à la poftérité la vifite dont S. M. honora ce monument, & les actes de munificence qui en affurent les réparations extraordinaires, l'entretien & la confervation.

PREMIERE INSCRIPTION.

NAPOLEO. MAGNUS. IMPERATOR. AUGUSTUS.
AUSCORUM. CIVITATEM. PERLUSTRANS.
NONNISI. POPULO. CUSTODIENTE.
HOC. INTROIVIT. AD. TEMPLUM.
INTER. CIVIUM. UNIVERSIM.
CONCURSUS. ET. EXSULTATIONES.
DIE. XXIV. MENSIS. JULII.
ANN. M. DCCC. VIII.

DEUXIEME.

NAPOLEO. MAGNUS. IMPERATOR. AUGUSTUS.
ARTIUM. SACRORUMQ. PROTECTOR.
MONIMENTORUM.
ECCLESIAM. S. MARIAE.
MIRO. STRUCTAM. OPERE.
DIU. TAMEN. DISPERDITIONI. RELICTAM.
IMPERIALI. DECRETO.
AERARII. PUBLICI.
PROVINCIAE. SIMUL. ET. MUNICIPII.
SUMPTIBUS.
INSTAURARI. ET. IN. PERPETUUM. SARTAM. TUERI.
JUSSIT.

Le Conseil délibérant sur les propositions de M. le Maire, les a approuvées à l'unanimité, & a chargé ce dernier de demander l'approbation de M. le Préfet.

Le Maire, THORE.

Vu & approuvé par nous Préfet du département du Gers, Chevalier de l'Empire, pour être exécuté selon sa forme & teneur. Auch, le douze août 1809. BALGUERIE.

La ville d'Auch avait à regretter deux militaires fameux dans les annales françaises, mais plus particulièrement recommandables à la reconnaissance des Auscitains, M. le maréchal duc de Montebello, et M. le général Espagne ; et comme la gloire des guerriers appartient au chef qui les commande, le conseil ne balança pas à réunir dans une même fête les expressions d'amour et de dévouement des sujets envers leur Souverain chéri, et celles de leur reconnaissance pour les services éminens de ces illustres compatriotes.

DÉLIBÉRATION DU CONSEIL MUNICIPAL,

POUR HONORER LA MÉMOIRE DE S. EX. LE MARÉCHAL DUC DE MONTEBELLO, ET DE M. LE GÉNÉRAL DE DIVISION, COMTE DE L'EMPIRE, ESPAGNE.

L'an mil huit cent neuf, le dix août, le Conseil général de la commune d'Auch, réuni dans la salle des séances à l'hôtel de la mairie, d'après l'autorisation accordée par M. le Préfet du Gers, en date du 4 du courant,

M. le maire a porté la parole en ces termes :

MESSIEURS,

Parmi les militaires distingués que le département du Gers a produit, nous avons à en regretter deux plus particulièrement connus de nous, morts au champ d'honneur pendant la campagne d'Autriche. Nommer le maréchal Lannes, duc de Montebello, c'est vous désigner cet ami constant de Napoléon, qui l'honora ostensiblement de ses regrets. La ville d'Auch peut-elle être étrangère à ce témoignage rendu par le plus grand des Monarques, à un guerrier qui passa parmi nous une partie de ses premiers ans, jusqu'au moment où il s'élança dans la carrière militaire, qui a été constamment pour lui le champ de l'honneur & de la gloire.

Le général de division Espagne est un enfant de la cité ; c'est à Auch qu'il a reçu le jour & ses principes d'honneur & de bravoure qui le firent remarquer par le juge le plus compétent, Napoléon-le-Grand.

Déjà la religion a payé son tribut aux manes de ces illustres guerriers, nos concitoyens, par un service solennel qui a eu lieu le 30 juin dans l'église paroissiale de Ste.-Marie, & auquel ont assisté toutes les autorités civiles & militaires.

Pénétré de ce sentiment profond que commandent les grandes vertus, convaincu que l'éclat d'un citoyen honore la Province qui lui a donné le jour ; & plus particulièrement la ville qui l'a vu naître & qui a formé sa jeunesse ;

Je propose au conseil de délibérer que les portraits de S. Exc. le duc de Montebello & du général de division Espagne seront placés dans une des salles de la mairie, comme monument qui retrace à la poſtérité la mémoire de deux guerriers dont la ville s'honore ; & pour donner plus d'extenſion à ce ſentiment, je propoſe d'inscrire leur nom ſur des plaques de marbre, qui ſeront fixées dans chacune des rues où ſe trouve le dernier domicile de nos illuſtres concitoyens.

L'une des plaques portera cette inscription : *Rue Montebello*, avec le bâton de Maréchal de l'Empire.

L'autre plaque portera ces mots : *Rue Espagne*, avec une épée.

Le conseil adopte les propoſitions de M. le maire, & ſoumet ſa délibération à la ſanction de M. le Préfet.

Le conſeil arrête que copie de la préſente délibération ſera adreſſée à Madame la ducheſſe de Montebello, ainſi qu'à la famille de M. le général de diviſion Espagne.

Il charge M. le maire de faire cet envoi, & d'exprimer les regrets qu'ont éprouvé les Auscitains de la perte de leurs illuſtres concitoyens.　　Le Maire, THORE.

Vu & approuvé par nous Préfet du département du Gers, Chevalier de l'Empire, pour être exécuté ſelon ſa forme & teneur. A Auch, le 11 août 1809. BALGUERIE.

En conséquence des délibérations ci-dessus, approuvées par M. le Préfet, et en exécution des ordres donnés par ce Magistrat, les autorités civiles et militaires s'étant réunies à la Préfecture, le 15 août à 2 heures de l'après-midi, sur l'invitation de M. le maire accompagné d'une députation du conseil municipal, le cortége, formé suivant l'ordre des préséances établi par la loi, se rendit à l'hôtel de ville, escorté par la gendarmerie, par les troupes du train d'artillerie en garnison à Auch, et par la compagnie de réserve du département, pour assister à l'inauguration du buste de S. M. Les élèves de l'école communale y avaient été déjà conduits par leurs professeurs. Les autorités furent reçues au bas du grand escalier par les divers fonctionnaires d'administration municipale réunis, et conduites dans la grand'salle au bruit des fanfares ; alors M. le maire prononça un discours en ces termes :

HABITANS D'AUCH,

La présence du Souverain dans les provinces, est une époque mémorable pour les peuples qu'il gouverne.

Le passage de Napoléon-le-Grand dans la ville d'Auch (le 24 juillet 1808) , sera pour cette ville la partie la plus honorable de son histoire. La tradition portera à nos derniers neveux cette circonstance extraordinaire. Les sentimens d'admiration , d'amour et de dévouement que vous fites éclater , se répéteront d'âge en âge.

A cet élan spontané pour le plus grand des Monarques , se rattache celui de la reconnaissance.

Pendant plusieurs années vous avez été vivement affectés de la perte des établissemens publics, qui étaient en même temps l'ornement de la cité , l'espérance de la province et de la patrie.

Vos magistrats, toujours attentifs à vos besoins et à la prospérité de la ville , par leurs soins constans obtinrent la concession du college et du pensionnat ; mais ils n'avaient pas atteint le but d'utilité qui avait dirigé leurs démarches. La modicité des revenus communaux ne permettait pas la restauration de ces superbes bâtimens, ni le rétablissement de l'instruction.

Le décret du 24 juillet 1808 a mis un terme à leur sollicitude, en assurant une somme qui garantit la régénération de l'enseignement.

La munificence du Monarque s'est étendue à tous les besoins : l'église de Ste.-Marie , cet admirable monument des arts et de la religion de nos pères , sera réparée et entretenue.

Les fontaines acquerront le degré d'utilité qui satisfait au besoin. Leur ornement embellira la plus belle partie de la ville.

Les pavés se rétabliront. On ne retrouvera plus des cloaques infects et dégoûtans, autant qu'insalubres.

Auscitains, comment votre reconnaissance peut-elle égaler ces nombreux bienfaits ? Déjà vous avez manifesté à votre Souverain le seul sentiment cher à son cœur, l'amour de ses sujets, et cette ame si élevée ne dédaigna pas de se montrer sensible à son expression. Comme votre dévouement ne connaît pas de bornes, votre auguste Monarque appréciera ce faible monument que vient de lui élever votre reconnaissance, par les soins du conseil de la commune. Il se convaincra de plus en plus de toute l'étendue de vos vœux, par l'intention que vous manifestez de transmettre à vos descendans la mémoire de ses vertus royales et de ses bienfaits.

Au milieu du fracas des camps, toujours occupé d'une guerre suscitée et sans cesse renouvelée par une haine jalouse de l'éclat du Monarque, et de l'état florissant auquel la France s'élève graduellement, ce génie universel ne perd de vue aucun détail. Que ne doit pas attendre la France d'un Prince qui n'attache de prix à sa gloire, qu'autant qu'elle s'approprie à la prospérité de l'empire et au bonheur de ses sujets.

Bientôt vous verrez luire ce jour heureux, où la paix continentale, assurée pour toujours, rendra à la France ses avantages territoriaux, donnera aux Cités un éclat nouveau, et les Français seront la première nation du monde, par leurs richesses comme par leurs armes.

Tant de motifs de reconnaissance pour les bienfaits qui vous sont propres, la perspective prochaine d'un avenir glorieux et prospère, doivent, s'il est possible, ajouter au sentiment d'amour, de fidélité et de dévouement pour votre auguste Souverain.

Avec vos cœurs que le Prince possède à tant de titres, offrez-lui ce nouveau gage de votre admiration et de votre fidélité ; dites-lui qu'il est toujours présent à votre pensée ; dites-lui que son image sera pour vous un creuset où vos ames viendront se retremper, lorsqu'il réclamera votre appui contre les ennemis de sa puissance et de ses sujets.

N'en doutez pas, Auscitains, c'est le plus digne, le plus cher hommage que vous puissiez offrir au plus grand, au plus magnanime des Souverains.

Vive l'Empereur ! Vive l'Impératrice ! Vive la Famille impériale !

Ces cris répétés unanimement, M. le Maire plaça sur le piédestal qui supporte le buste de l'Empereur, l'inscription arrêtée par le conseil.

Des salves d'artillerie annoncèrent au peuple la fin de l'inauguration.

M. le maire annonça ensuite dans le discours ci - après les nouvelles cérémonies qui allaient être célébrées :

HABITANS D'AUCH,

La mort a moissonné naguères deux guerriers, vos concitoyens. Ils ont terminé leur carrière sur le champ de l'honneur, dans l'action peut-être la plus mémorable pour les armes françaises. Vous avez à pleurer S. Ex. le maréchal Lannes , duc de Montebello ; ce nom vous rappelle le compagnon dévoué , l'ami constant du plus grand des Monarques , du guerrier le plus fameux qui , après l'avoir comblé des faveurs dues à son mérite , l'honora publiquement de ses regrets. Un témoignage aussi auguste peut-il ne pas faire sentir vivement la perte de votre illustre concitoyen , qui vivra éternellement dans l'histoire.

S. Exc. passa une partie de ses premiers ans parmi vous ; c'est dans cette ville qu'il prit les armes qui ont illustré sa carrière militaire.

Pour éterniser son nom , pour le transmettre à vos neveux , le corps municipal a décidé , 1.º que le portrait de S. Exc. le duc de Montebello sera placé dans la principale salle de l'hôtel de la mairie ; 2.º que la rue où fut le dernier domicile de S. Exc., sera appelée *Rue Montebello* ; que la plaque de marbre sur laquelle sera tracée l'inscription , sera ornée de deux bâtons de maréchal de l'Empire , pour indiquer son grade.

La ville d'Auch fut le berceau du général de division Espagne. C'est parmi vous qu'il a reçu le jour , et qu'il a puisé ce principe d'honneur qui l'a élevé à ce grade d'autant plus honorable , qu'il en a été jugé digne par votre Souverain , qui , depuis long-temps , s'est mis au-dessus de toute comparaison comme guerrier et comme politique.

Il a été délibéré que le portrait du général Espagne serait placé dans une des salles de la mairie , et que son nom serait donné à la rue où il eut son dernier domicile.

A travers les regrets que vous fait éprouver une perte aussi fatale , vous devez ressentir quelque satisfaction à être justes envers vos illustres concitoyens. Le témoignage de ce noble sentiment acquiert un mérite plus élevé , puisqu'il s'accorde avec celui qu'a manifesté le grand Napoléon , et que , par cette sympathie , il remonte jusqu'au Monarque lui-même.

Puissent ces grands modèles être imités par la jeunesse d'Auch! Votre ville acquerra un rang distingué dans l'histoire militaire , et vos annales traceront à vos descendans la carrière de l'honneur français.

Le cortége se dirigea en conséquence vers les rues où M. le maréchal duc de Montebello et M. le général Espagne avaient fait leur résidence. Aux deux extrémités de chacune d'elles, furent placées des plaques avec ces mots : *Rue Montebello*, *Rue Espagne :* des salves d'artillerie portèrent au loin ces témoignages de la reconnaissance publique.

Les autorités arrivées sous le porche de l'église de Ste.-Marie, le clergé de la ville, conduit par M. l'abbé Lagrange, pro - vicaire - général dans le département du Gers, se rendit auprès d'elles. M. le Préfet alors ordonna de découvrir deux plaques placées récemment au-dessus des deux portes latérales de l'église, et portant les deux inscriptions déterminées par le conseil, approuvées par l'autorité ecclésiastique, et destinées à perpétuer le souvenir de l'entrée de S. M. dans l'église de Ste.-Marie, et des actes de munificence qui assurent la réparation et l'entretien de ce monument de la religion et des arts.

Avant d'entrer dans l'église, M. le maire parla en ces termes :

HABITANS D'AUCH,

A la vue de ces monumens, que la ville d'Auch reconnaissante élève au grand Prince qui gouverne la France, je ne puis m'empêcher de laisser éclater de nouveau les sentimens d'admiration et d'amour dont mon ame est pénétrée, et que vous partagez avec moi.

Habitans d'Auch, vous conserverez ce temple, l'honneur des arts et le monument éternel de la piété de vos pères. Bannissez vos craintes, naguères trop fondées, de voir s'ensevelir sous les ruines du temps ce superbe édifice, dont la France s'enorgueillit à juste titre.

Napoléon-le-Grand, restaurateur des autels et des arts, a assuré son existence. La munificence de S. M. a pourvu à sa restauration, à son lustre. Sa prévoyance lui montrant l'avenir, a réglé les moyens d'entretien et de conservation.

Grâces vous soient rendues, ô Prince magnanime, dont tous les pas sont marqués par des bienfaits ! Si, au milieu des camps et des embarras sans cesse renaissans où vous jettent les ennemis implacables de votre Empire, éblouis et offensés de l'éclat de votre gloire, vous savez adoucir nos maux, réparer les ravages de ces temps orageux qui avaient défiguré la France, que ne doit-on pas espérer de votre amour pour vos peuples, du besoin qui vous presse de les rendre heureux, lorsque votre génie, votre dévouement et votre grand cœur auront donné la paix au Monde qui n'espère qu'en vous ?

Ministres du Seigneur, vous qui avez particulièrement éprouvé les bienfaits de ce généreux Monarque, entrons dans ce temple auguste qui semble partager notre reconnaissance ; allons nous prosterner au pied des autels du Très-Haut ; allons le prier de répandre ses bénédictions sur l'incomparable Souverain qu'il nous a accordé dans sa miséricorde ; de verser ses grâces et sur lui et sur son auguste famille ; de le conserver pour nous, pour nos neveux ; de lui rendre ce bien qu'il nous a fait, et celui qu'il est dans son cœur de nous procurer.

Vive l'Empereur ! Vive l'Impératrice ! Vive la Famille impériale !

Les autorités entrèrent ensuite avec le clergé, et assistèrent aux vêpres, à la suite desquelles M. l'abbé Lagrange prononça le discours suivant :

Hæc est victoria quæ vincit mundum fides nostra.

C'est notre foi qui est la victoire qui triomphe du monde. Ep. 1. de St. Jean, chap. 5.

MESSIEURS,

La fête qui nous rassemble dans ce lieu saint, & à laquelle l'église & la patrie nous appellent d'une voix unanime, a pour objet de célébrer le rétablissement de notre sainte religion.

La foi est le principe & la base fondamentale de la religion. Célébrer le rétablissement de la religion, c'est donc célébrer le triomphe de notre foi sur l'impiété & l'incrédulité qui n'aspiraient à rien moins qu'à envahir l'empire du monde pour le plonger dans l'anarchie & la confusion ; fut-il un triomphe plus digne de nos chants d'alégresse & de notre reconnaissance ? *Hæc est victoria quæ vincit mundum fides nostra.*

Que de grandes idées, que de nobles, que de sublimes sentimens viennent se rattacher à la solennité de ce jour ! Les décrets éternels semblent se dérouler à nos yeux, pour nous découvrir les ressorts secrets de cette providence divine, qui du sein même du cahos fait jaillir un ordre merveilleux qui confond la sagesse humaine, déconcerte ses vues & la force au silence & à l'admiration.

Ce jour, Messieurs, l'époque du rétablissement de notre

fainte religion , avait été marqué de toute éternité pour la nais-
fance de celui qui devait en être le reftaurateur , de ce héros
deftiné à fauver la France , & qui , après l'avoir fauvée , devait
la venger de fes ennemis , étonner l'europe par la hardieffe de
fes conceptions , & la foumettre par l'énergie de fon ame , la
fageffe de fes combinaifons & la force de fa puiffance.

Ce grand œuvre eft accompli. Mais , je ne crains pas de le
dire , Meffieurs , ces merveilles qui élèvent la gloire de
Napoléon au - deffus de tout ce que l'hiftoire nous vante de
plus fublime & de plus étonnant , ne font pas ce que j'admire
le plus en lui. Ce qui me frappe le plus , ce qui me le montre
vraiment grand , c'eft de l'entendre lui-même rapporter à fa
véritable fource fa grandeur & fa gloire , parce que fa grandeur
tient alors à celle de Dieu & devient par - là même immuable ;
c'eft de l'entendre attribuer à Dieu feul fes triomphes , fes
conquêtes & fes fuccès ; c'eft de l'entendre tout couvert de la
pouffière des camps appeler tous les pafteurs & tous les fidelles
dans nos temples pour rendre grâces à l'Éternel des bénédictions
qu'il répand fur fes armes & fes entreprifes ; c'eft de l'entendre
enfin *au milieu des alarmes & des follicitudes de la guerre* , fe
faire un plaifir , une confolation & un délaffement , de mani-
fefter aux premiers pafteurs fes fentimens pour le rétabliffement
de la religion qu'il a toujours regardée comme la bafe de la
fociété & des mœurs , comme l'unique fondement de l'ordre
& le feul garant de la tranquillité & de la félicité publique.

Oui , grand prince ! vous êtes plus grand à mes yeux par les
fentimens que vous faites éclater pour la religion , que par tout
ce que vous avez fait pour ma patrie & par tout ce qu'elle a
droit d'attendre de ce génie & de ce caractère qui vous ont
rendu le modérateur de l'europe , & qui vous placent au-deffus
des plus grands hommes de l'antiquité !

Protégez - la toujours , ô mon prince , cette églife qui vous
a engendré en J. C. , cette églife , le plus ferme appui des
trônes , qui vous affurera de plus en plus l'amour , l'obéiffance
& le respect de vos peuples , & qui ne ceffera d'offrir des vœux
& de lever les mains au ciel pour votre gloire dans ce monde
& dans l'autre.

Cette églife , ô mon prince , toujours fidelle à fes principes , parce que J. C. lui a promis qu'elle ne s'en écarterait jamais & qu'il ferait toujours avec elle , reconnaîtra & enseignera sans cesse que l'autorité de votre trône est indépendante parce qu'elle vient de Dieu seul ; & si quelqu'un de ses ministres cessait de rendre à César ce qui appartient à César , & voulait entreprendre sur son autorité , elle serait la première à le désavouer & à le condamner.

Elle professe que , de même que son autorité toute spirituelle est indépendante de l'autorité temporelle , parce qu'elle l'a reçue sans partage de J. C. , de même le sceptre temporel appartient aussi sans partage aux princes que Dieu a revêtus de son autorité pour gouverner les affaires de ce bas monde.

Convaincu , ô mon prince , que tels sont les principes essentiels de l'église catholique , & que tels sont les sentimens invariables de ses ministres , nouveau Charlemagne , héritier de son pouvoir & de ses droits , vous rendrez à l'église son ancien éclat , cet éclat qui avait été obscurci par ces temps nébuleux que votre seule présence a fait disparaître. Je ne parle point de cet éclat emprunté que le monde place dans les honneurs & les biens de la terre ; cet éclat périssable n'est point attaché à son essence ; les ministres d'un Dieu crucifié ne doivent , comme l'enseigne le St. - Esprit par la bouche de l'apôtre , les ministres , dis-je , d'un Dieu crucifié ne doivent mettre leur gloire que dans la croix de J. C. L'éclat dont je parle , celui-là seul dont l'église puisse être jalouse , c'est celui qu'elle tire de l'autorité qui lui a été confiée par son divin chef. Le seul éclat essentiel à l'épouse de J. C. , c'est le maintien & l'exercice de cette autorité inviolable qu'elle tient de son divin époux , & qui est toute spirituelle ; autorité que St. Pierre a reçue immédiatement d'un Dieu fait homme qui l'a établi son représentant visible sur la terre ; autorité dont le successeur du *pécheur* est le dépositaire , & qui lui est transmise dans sa succession à la chaire de Rome.

Quant à celle que les dieux de ce monde y ont attachée , si les temps & les circonstances demandent que ce moyen , étranger d'ailleurs à sa mission , vienne concourir au grand œuvre dont est chargé le vicaire de J. C. , c'est à la providence à en décider , & on peut s'en rapporter à cette grande ame que le ciel a

placé fur le premier trône de l'univers , & à laquelle il a ins-
piré le noble deffein de rendre à la religion toute fa splendeur
& fa gloire.

L'éclat que j'attends , pour l'églife , du héros de la France
& de l'Europe , eft donc celui-là feul qui réfulte de la noble
liberté d'annoncer en communion , avec le Vicaire de J. C. ,
l'évangile ; de cette liberté , de cette indépendance effentielle
à fes décifions , & fans laquelle elles ne feraient plus les décifions de l'époufe de J. C. toujours infpirée par l'Esprit
Saint ; de cette liberté que tant d'illuftres martyrs ont glo-
rieufement fcellée de leur fang.

Tel eft l'éclat que l'églife de J. C. a droit de fe promettre
de la religion & des fentimens fublimes de fon fils aîné le plus
grand des Souverains.

Elle ne fera point fruftrée dans fon attente, l'immortel
Napoléon en a pris l'engagement folennel , il a voulu que les
premiers pafteurs fuffent dépofitaires de fes fentimens à cet
égard , & qu'ils les transmiffent à tous les fidelles.

Voici comm'il s'explique dans fa lettre du 13 du mois
dernier à tous les Archevêques & Évêques de fon empire :

« On ne nous détournera pas du grand but vers lequel nous
» tendons , & que nous avons déjà en partie atteint , le réta-
» bliffement des autels de notre religion , en nous portant à
» croire que fes principes font incompatibles , comme l'ont
» prétendu les Grecs , les Anglais , les Proteftans & les Cal-
» viniftes , avec l'indépendance des trônes & des nations.
» Dieu nous a affez éclairés pour que nous foyons loin de
» partager de pareilles erreurs : notre cœur & ceux de nos
» fujets n'éprouvent point de femblables craintes. »

Vous l'entendez , MM. , le but , le grand but vers lequel
tend Napoléon , c'eft le rétabliffement de notre religion ; vous
l'entendez , il ne regarde ce qu'il a déjà fait que comme une
partie de ce qu'il veut faire.

Mais ce grand homme eft incapable de rien faire que de grand.
Le moule de fa grande ame rejette tout ce qui ne porte pas
l'empreinte du vrai , du fublime & du parfait.

Difons-le donc avec confiance ; dès que Dieu lui a infpiré
le noble deffein de rétablir les autels de notre religion , dès

qu'il nous annonce lui-même que c'eſt le grand but vers lequel il tend, & dont rien ne pourra le détourner, & qu'il ne regarde ce qu'il a fait que comme une partie de ce qu'il a intention de faire, diſons-le avec confiance, oui nous verrons nos autels floriſſans, nos temples dignes de la majeſté du Dieu qui y habite, le culte revêtu de cette magnificence que demande ſa ſainteté, ſes miniſtres environnés de cette conſidération eſſentielle à la dignité de leur caractère ; il les garantira de cette eſpèce d'aviliſſement, où n'entraîne que trop ſouvent le beſoin ; il maintiendra l'unité de l'égliſe, protégera ſa liberté & l'indépendance de ſes déciſions ; il ramenera enfin les beaux jours des Conſtantins & des Charlemagnes, ces immortels protecteurs de l'égliſe ; il les ſurpaſſera & ſe montrera plus grand qu'eux par ſa munificence, comm'il l'a fait par ſes conquêtes.

Vierge Sainte, en célébrant le triomphe de la religion, c'est votre propre triomphe que nous célébrons, puisque nous le devons à la protection ſpéciale que vous avez toujours accordée à la France ; elle vous eſt redevable de ce que la foi de ses enfans a ſurvécu aux déchiremens qu'elle a éprouvés dans tous les genres ; elle vous eſt redevable de ce que nos temples & nos autels ſe ſont relevés au milieu des ruines dont ſon ſein avait été couvert par les malheurs des temps. Vivifiez-la, faites-la fructifier cette foi, le plus ſûr garant de la ſtabilité des Empires, & que votre protection ſoit ainſi le bouclier impénétrable de l'égliſe & du trône. Regardez toujours les Français comme vos enfans, & l'illuſtre Napoléon, de qui ils attendent tout, comme leur père ; alors nous ſerons heureux dans ce monde & dans l'autre. Ainſi ſoit-il.

Ce discours fut ſuivi de la procession solennelle de la Vierge, du *Te Deum*, des prières pour l'Empereur, et de la bénédiction du St.-Sacrement.

M. le Préfet réunit ensuite les principaux fonctionnaires à un banquet, durant lequel furent portés les toasts suivans :

A l'Empereur. --- A l'Impératrice. --- A la Famille Impériale. --- A nos Armées. --- Aux Braves morts au champ d'honneur. --- A la Paix générale.

Le bruit de l'artillerie se mêlait à ces acclamations.

Des jeux et des danses avaient été préparés au peuple sur les places et sur les promenades, par les soins de l'autorité municipale.

Dès la nuit, la ville fut illuminée, et retentit long-temps des témoignages éclatans de l'amour des Auscitains pour leur Souverain Bienfaiteur.

Imprimé par ordre de M. le Préfet du Gers.

A AUCH,

Chez J. P. DUPRAT, Imprimeur de la Sénatorerie, Place Impériale.

1809.